AF243558

DÉCROISSANCE

DE

LA POPULATION

EN FRANCE

MOYEN D'Y REMÉDIER

PARIS

IMPRIMERIE ADMINISTRATIVE DE PAUL DUPONT

45, RUE DE GRENELLE-SAINT-HONORÉ, 45

1868

DÉCROISSANCE

DE

LA POPULATION

EN FRANCE

MOYEN D'Y REMÉDIER

L'opinion publique s'est vivement préoccupée depuis quelque temps de la mortalité des enfants nouveau-nés. On savait déjà, d'une manière générale, que la plupart des enfants envoyés en nourrice n'en revenaient pas ; mais on était loin de connaître, ou même de soupçonner, l'intensité du mal. Il a fallu qu'un cri d'indignation partît du cœur d'hommes bienfaisants ; il a fallu que des chiffres accablants fussent livrés au public pour que l'on comprît que la question des enfants envoyés en nourrice était, au premier chef, une question d'État, une question sociale. « Il y a là, en effet, une question d'humanité, et, « de plus, une question qui importe à l'intérêt, à la prospérité du pays ; sa pros- « périté agricole, industrielle, militaire, dépend incontestablement du nombre « et de la vigueur de ses citoyens. » (Genteur, commissaire du gouvernement, *Discours au Sénat.*)

1868

« bien !) Il naît, en moyenne, 500,000 garçons par an en France. Les listes de
Le Sénat a été plusieurs fois saisi de ces plaintes. Chaque fois elles ont été
l'objet de consciencieux rapports, d'une discussion approfondie, religieusement
écoutée ; et c'est peut-être à la divulgation de ces faits déplorables que l'on doit
les travaux et les recherches des savants médecins qui se sont attachés à cette
question pour en sonder la plaie dans toute sa profondeur.

Aujourd'hui que le mal est connu, il faut y remédier. « C'est une question
« de vie ou de mort pour une portion notable de la population française. »
(*Rapport* de M. A. Thayer au Sénat, sur la pétition du docteur Brochard,
Moniteur, 27 mars 1867.) Les savantes discussions qui ont eu lieu à l'Académie
de médecine, pendant plusieurs mois, et celle non moins intéressante qui
occupa le Sénat dans sa séance du 26 mars 1867, ont tellement élucidé cette
question qu'elle n'est plus à étudier. Il n'y a plus maintenant qu'à rechercher
les moyens pour soustraire des milliers de pauvres petites créatures aux souffrances, à l'agonie, à une mort presque certaine.

C'est ce que nous voulons tenter.

« A l'œuvre donc ! Chaque jour de retard coûte la vie à d'innocentes créa-
« tures. On ne trouvera pas probablement de suite la meilleure solution ; on
« tâtonnera encore longtemps. Mais, quelque mesure que l'on prenne, quelque
« essai que l'on fasse, ne dussent-ils sauver la vie qu'à cent, qu'à dix enfants
« par an, on aura bien mérité de l'humanité et du pays. Quelle que soit la dé-
« pense, qui pourrait la regretter? » (**A. Thayer**, *Rapport cité.*)

Pour plus de clarté, nous allons successivement :

1° *Constater l'existence du mal, au point de vue de la population ;*
2° *En rechercher et établir les causes ;*
3° *Indiquer le remède à y apporter.*

§ Ier.

Il est un fait douloureux à constater : c'est que la population, en France,
reste depuis longtemps stationnaire. On peut même affirmer que, relativement
au nombre actuel de ses habitants, elle est en décroissance depuis plus d'un
demi-siècle. « On voit que, malgré l'accroissement de la population, le nombre
« des naissances reste à peu près stationnaire. Ce fait remarquable avait déjà

« été constaté depuis longtemps. C'est ainsi que, au commencement du siècle, on
« comptait plus de naissances pour une population de 27 millions d'habitants,
« qu'en 1860 pour 36 millions et demi. » (*Rapport* à l'Empereur sur le mouve-
ment de la population en France pendant l'année 1864, *Moniteur* du
16 avril 1867.)

L'accroissement de la population ne peut donc être attribué qu'à une prolon-
gation de la vie des habitants. Il paraît constaté, en effet, que la durée moyenne
de l'existence, dans notre pays, qui était de trente ans en 1800, est aujourd'hui
de trente-sept et demi, chiffre supérieur à celui de la plupart des États de
l'Europe.

Voyons maintenant les affirmations produites au Corps législatif, lors de la
discussion de la loi sur l'armée, et qui n'ont pas été contredites par les organes
du gouvernement.

« Sous le rapport de l'accroissement de la population, la France occupe,
« parmi les grandes puissances, l'avant-dernier rang.

« En Angleterre, l'augmentation est de			1 43 °/₀
« En Prusse	—	—	1 30
« En Russie	—	—	1 24
« En France	—	—	0 35
« En Autriche	—	—	0 26

(*Discours* de M. Louvet)

« La France est au dernier degré de l'échelle pour la reproduction de la
« population ; il n'y a, après elle, que l'Autriche. Si, en Prusse, la population
« double en cinquante-deux ans, elle ne double en France, suivant différents
« calculs, qu'en cent cinquante, cent vingt-deux ou cent quatre-vingt-dix-huit
« ans. (*Discours* de M. Ernest Picard.)

« Rappelez-vous qu'en Angleterre il suffit de cinquante ans pour doubler la
« population, et qu'en France il faut cent vingt-deux ou même cent cinquante
« ans, si l'on en croit notre rapporteur.....

« Dans le département de la Loire-Inférieure, par exemple, où le nombre des
« enfants naturels est considérable, la mortalité, parmi ces enfants, est de
« 90 pour 100 ; dans le département d'Eure-et-Loir, elle est de 95 pour 100 ;
« ce sont de véritables hécatombes. » (*Discours* de M. J. Simon.)

« Remarquez que les départements riches sont ceux où la dépopulation est
« la plus grande. (C'est vrai!) La cause en est à l'allaitement mercenaire. (Très-

« tirage, vingt ans après, nous révèlent une perte de 40 pour 100. Dans les pays
« où l'allaitement est un métier, la perte est énorme. L'honorable M. Jules Simon
« nous le disait il y a un instant : Dans la Loire-Inférieure, département riche,
« la mortalité des enfants assistés est de 90 pour 100 ; dans la Seine-Inférieure,
« de 87 pour 100 ; dans l'Eure, de 78 pour 100 ; dans l'Aube, de 70 pour 100.
« A Paris, sur 20,000 nourrissons, 15,000 succombent, tandis que, d'après les
« spécialistes, la perte ne devrait être que de 10 pour 100. Pouvoir législatif et
« législateurs, cherchons un moyen de remédier à cette mortalité épouvan-
« table. » (*Discours* du baron J. David.)

« On n'a pas assez insisté, selon moi, sur les renseignements fournis par la
« statistique concernant la population. Deux savants, membres de l'Académie
« de médecine, MM. Jules Guérin et Boudet, se sont occupés de la dégénéres-
« cence et du peu de développement de la population, et ils ont poussé un cri
« d'alarme. Un de leurs collègues, M. Broca, a voulu les contredire. Il est
« résulté de cette discussion, que la population a décru dans une proportion
« alarmante ; que si l'augmentation a été de 174,000 personnes de 1801 à 1811,
« elle n'est plus aujourd'hui que de 134,000..... M. Broca ne peut s'empêcher
« de remarquer que cette diminution est d'autant plus sensible, que le chiffre
« de la population a augmenté de 7 à 8 millions, et que la moyenne de la vie
« humaine s'est accrue de six à sept ans... Il ressort des paroles de MM. Guérin
« et Boudet que l'accroissement de la population est quatre fois plus lent en France
« qu'en Angleterre, en Prusse et en Russie ; il est plus lent qu'en Italie et en
« Espagne. Nous occupons le dix-neuvième rang parmi les puissances de l'Eu-
« rope ; l'Autriche seule est au-dessous de nous. Si, en France, il faut cent qua-
« tre-vingt-dix-huit ans pour doubler la population, il faut quarante-cinq ans en
« Saxe, quarante-neuf ans en Angleterre, cinquante-quatre ans en Prusse, cin-
« quante-six ans en Russie, et cent trente-six ans en Italie. M. Boudet, partant
« de ces chiffres, est amené à reconnaître que, dans quarante-cinq ans, la
« Grande-Bretagne, qui compte 25 millions d'habitants, en aura 56 millions ; la
« Prusse, au lieu de 30 en aura 55 ou 56 millions ; la Russie, plus de 100 mil-
« lions, tandis que nous ne dépasserons pas 45 à 48 millions. » (*Discours* de
M. Calvet Rogniat.)

« Y a-t-il moins de mariages en France qu'ailleurs ? Non.

« En Angleterre, la proportion est de 8.42 par 1,000 habitants.
« En Prusse   —   8.36   —
« En France   —   7.93   —

« La France est au troisième rang ; l'Écosse au dernier ; mais, en somme, il
« n'y a que fort peu de différence entre la France et les autres nations.

« Entre les naissances, au contraire, la différence est grande. En Écosse, il y
« a 4.56 naissances par mariage ; la France, arrivant au dernier rang, ne compte
« qu'un ou deux enfants par mariage. Les mariages sont donc, chez nous, moins
« féconds que partout ailleurs.....

« La vie moyenne est plus longue en France qu'elle n'a jamais été, et que
« partout ailleurs. » (*Discours* du maréchal Niel, ministre de la guerre.)

« Et il reste acquis que la population française est douée aujourd'hui d'une
« plus forte vitalité qu'au commencement du siècle. » (*Rapport* à l'Empereur,
déjà cité.)

Faisons une dernière citation ; mais, celle-là, officielle, et qui justifie les as-
sertions, non contredites, des orateurs que nous avons cités :

« En calculant le doublement probable de la population française d'après ces
« données, on trouve :

« Pour 1861, 170 ans ;
— 1862, 141 —
— 1863, 158 —
— 1864, 183 —

(*Rapport* à l'Empereur, *déjà cité*.)

Nous avons préféré nous effacer pour ne citer que des autorités qui n'ont pas
été réfutées. Nous aurions pu, sans doute, prendre nos chiffres, nos arguments,
dans le grand nombre de publications qui ont été faites ; mais nous avons jugé
préférable de nous appuyer du crédit des orateurs qui les ont cités, et qui ont
ajouté l'autorité de leur parole à la véracité des documents dont ils se sont
emparés.

De tout cela il résulte incontestablement :

1° Que l'augmentation de la population, en France, n'existe pas ; qu'elle est
stationnaire ;

2° Qu'elle est même en décroissance relativement, puisque, au commencement de ce siècle, elle avait, pour 27 millions d'habitants plus de naissances
qu'en 1860 pour 36 millions et demi ;

3° Que, ne pas croître, en pareille matière, c'est décroître, alors surtout que
toutes les puissances croissent autour de nous ;

4° Que, parmi les cinq grandes puissances de l'Europe, la France occupe l'avant-dernier rang pour la reproduction de sa population ;

5° Que, s'il ne faut à l'Angleterre, à la Prusse et à la Russie qu'un demi-siècle pour doubler leur population, il faut à la France près de deux siècles pour obtenir le même résultat; d'où il suit que l'accroissement de la population est, chez nous quatre fois plus lent que chez nos puissantes rivales ;

6° Que par rapport au temps nécessaire pour le doublement de la population, la France n'occupe que le dix-neuvième rang parmi les puissances européennes ;

7° Que les mariages sont moins féconds chez nous que partout ailleurs;

8° Et qu'à cette cause d'infériorité, la mortalité est tellement grande, qu'au bout de vingt ans, sur 500,000 garçons qui, en moyenne, naissent en France, chaque année on trouve une perte de 40 pour 100.

Encore une fois, ces chiffres sont irréfutables, et ils n'ont pas été réfutés ; d'où il suit que les conséquences que nous en tirons sont rigoureusement exactes;

Qu'en résumé, tous progressent; que la France seule ne progresse pas ; et que, ne pas avancer, quand tous avancent autour de nous, c'est reculer ; la France en est là.

Le mal étant ainsi constaté, nous allons en rechercher les causes ; l'indication du remède viendra ensuite.

§ II.

Pour le but que nous nous proposons, pour le mal auquel nous voulons *remédier*, il n'est pas nécessaire que nous entrions dans l'examen de toutes les causes qui peuvent empêcher l'accroissement de la population. Ces raisons sont nombreuses, et nous ne croyons pas cependant devoir les passer toutes sous silence.

Les principales sont :

1° *Le célibat de l'armée.* — D'abord, il n'est pas général; les officiers et les armes sédentaires en sont exceptées. Il n'est pas plus rigoureux chez nous que chez aucune autre nation, et le maréchal Niel a prouvé péremptoirement, lors de la discussion de la loi sur l'armée, qu'il n'était pas une cause du ralentissement de la population.

2° *Le célibat des prêtres.*— C'est une des plus excellentes choses qu'ait édictées le Concile de Trente (1545-1563). Depuis cette époque, il a été rigoureusement observé par le clergé, et ce ne peut être là une cause de la décroissance de la population, puisque autrement il faudrait faire remonter cette décroissance à plus de trois siècles, ce qui n'existe pas. C'est grâce à cette prescription que le clergé, qui s'est trouvé privé de toute famille sienne, pour devenir membre de toute famille qui souffre, est justement considéré, pour ne parler que du clergé français, comme le premier clergé du monde catholique par sa science, ses vertus et sa charité apostolique,

3° *La stérilité relative des mariages par les charges qu'ils apportent dans la famille.* — Il est vrai que cette stérilité est déplorable en France, dans les grands centres de population surtout, par rapport aux autres nations. Mais, quel remède efficace y apporter? Et n'est-ce pas ici l'occasion de rappeler les éloquentes paroles de l'éminent cardinal Donnet, qui a pris si vigoureusement en mains la défense de nos pauvres petits abandonnés? « L'Église, par l'organe de « ses évêques, dans des enseignements solennels, et aujourd'hui par mon « organe, dans l'assemblée la plus auguste de l'État, a bien le droit de rappeler « ses douleurs et de rappeler ses protestations. N'est-ce pas assez, vous dit- « elle, que l'immoralité, ou une injuste défiance dans la Providence de Dieu, « mesurent avec tant de parcimonie les droits à l'existence, dans le sanctuaire « de la famille? Faut-il encore que les trop rares héritiers, seul espoir de l'a- « griculture et de la patrie, trouvent au berceau une mort presque certaine, par « une insouciance coupable, inconnue à ces époques éminemment chrétiennes, « où chaque mère se faisait un devoir et un honneur d'allaiter ses enfants? (Le cardinal Donnet, *Discours* au Sénat, *Moniteur*, 27 mars 1867.)

De ces causes générales, anciennes, permanentes, ne résultent donc pas, pour nous, la stagnation ou, plus justement, comme nous l'avons démontré, la décroissance de la population.

La cause principale, si ce n'est la cause unique, est dans la mortalité des enfants pendant leur premier âge (d'un jour à un an); dans leur deuxième âge (d'un an à deux ans) et, plus tard, dans les années de leur formation, par suite de la constitution débile, souvent viciée, qu'ils ont contractée en nourrice.

L'allaitement mercenaire, l'industrie nourricière, tels qu'ils s'exercent aujourd'hui, tuent la population dans son présent, les générations dans leur avenir.

C'est ici qu'il nous faut entrer dans de navrants détails. Nous ne voulons rien exagérer ; la vérité est déjà assez peu croyable. Notre récit sera celui d'autorités irrécusables, et, le plus souvent, nous laisserons la parole aux hommes éminents dans la science ou dans les fonctions publiques, qui ont abordé et discuté ce grave sujet *de visu et auditu.*

« On commence à comprendre que nombre d'enfants périssent dans le pre-
« mier âge, parce qu'on les laisse mourir, parce qu'on les livre à la mort. Il y
« a l'infanticide que la loi punit et l'infanticide que la loi ne peut atteindre.
« Les infanticides que le Code n'a point prévus sont infiniment plus nombreux
« que les autres. » (J.-M. Guardia, *le Temps*, 23 mars 1867.)

En effet, et pour ne parler que des enfants du premier âge, nous voyons, en nous appuyant sur le Rapport à l'Empereur que nous avons souvent cité, qu'un peu plus du cinquième des enfants du sexe masculin et qu'un peu plus du sixième des enfants du sexe féminin, meurent dans la première année de leur naissance. Au total, la mortalité des nourrissons est, d'après les statisticiens, M. Husson en tête, de 100,000 par an.

Frappé de cette mortalité effrayante, qui a trop souvent le caractère d'un homicide prémédité ou au moins par imprudence, voici ce que disait M. Husson, directeur de l'Assistance publique, dans le cours de la discussion qui eut lieu à l'Académie de médecine :

« La question de la mortalité des enfants est non-seulement une question
« d'humanité, elle est encore une véritable question d'État. Combien ne serait-
« il pas désirable de trouver des moyens sûrs de préserver une foule d'enfants
« des villes du sort fatal qui les attend à la campagne, et, n'importe-t-il pas au
« pays et à la société d'écarter d'une partie notable des populations urbaines,
« qui devraient en être la richesse et la force, les causes d'affaiblissement et de
« destruction auxquelles elles ne sont déjà que trop exposées par les condi-
« tions de leur naissance? *Mais, si le mal signalé est certain, on n'en connaît*
« *encore ni l'étendue ni la profondeur.* »

Les causes de cette effroyable mortalité sont dans l'ignorance et la cupidité de la plupart des nourrices mercenaires. Pour elles, le nourrisson est un objet dont elles doivent tirer le plus de parti possible. Les mères ne savent pas assez tout ce que leurs pauvres petits enfants ont à souffrir, dès le moment où elles s'en séparent ; elles ne soupçonnent même pas de quelles odieuses spécula-
tions ils sont l'objet ! Des femmes appelées *meneuses,* et qui n'ont d'autre métier

que celui-là, s'entendent avec les sages-femmes, auxquelles elles payent une rétribution et viennent sans cesse à Paris chercher des nourrissons qui n'y reviennent jamais.

« Lorsqu'une de ces femmes a pu se procurer un nourrisson, elle persuade
« aux parents que, connaissant toutes les nourrices de la contrée qu'elle habite
« l'enfant sera parfaitement placé sous tous les rapports. Elle fixe le prix qui sera,
« chaque mois, payé à la nourrice ; elle se charge, uniquement, dit-elle, dans le
« but d'obliger la famille, de surveiller elle-même l'enfant, de faire les verse-
« ments mensuels. Mais, qu'arrive-t-il ? Cette femme trouve moyen de se pro-
« curer deux, trois, quelques fois quatre enfants à chaque voyage qu'elle fait à
« Paris. Une fois arrivée dans son village, elle garde ces enfants chez elle, dix,
« quinze, vingt jours pour bénéficier de tout ce laps de temps, et même pour les
« louer à celles de ses voisines qui peuvent en avoir besoin pour se placer ; enfin
« ces enfants sont remis aux nourrices qui demandent la rétribution la plus
» faible, ou qui offrent la prime la plus forte. On comprend quelle atteinte est
« portée à la santé de ces enfants par une mauvaise alimentation, par l'encom-
« brement, par un séjour forcé dans des berceaux infects. Une fois l'enfant placé
« chez une nourrice, la femme qui le lui a confié au rabais garde pour elle une
« partie du salaire payé par les parents. » (A. Thayer, *Rapport cité.*)

Veut-on maintenant connaître toutes les péripéties de ce voyage, depuis le moment du départ jusqu'à celui de l'arrivée? Écoutons encore M. Thayer.

« Le premier danger grave auquel sont exposés les nouveau-nés est le
« voyage, en toutes saisons, par les voitures de troisième classe des chemins de
« fer ; puis ensuite dans les voitures de *meneurs* jusqu'au domicile des nour-
« rices, souvent éloigné des chemins de fer. Une fois arrivée au terme de ce
« triste voyage, au lieu de nourrir l'enfant exclusivement avec son lait, comme
« cela a été convenu avec les parents, la nourrice le fait boire et manger ; et
« quelle nourriture lui donne-t-elle ? Elle veut se ménager la possibilité de
« prendre un deuxième nourrisson. Au lieu de le promener et de lui faire pren-
« dre l'air, elle le laisse dans son berceau et vaque librement à ses occupations.
« Ainsi couché des journées entières, ne profitant nullement du séjour de la
« campagne, confié la plupart du temps à une vieille femme ou à un enfant de
« sept ou huit ans, qui souvent le laisse tomber, la santé du nourrisson s'altère,
« ce qui n'empêche pas la nourrice d'écrire aux parents que l'enfant se fortifie,

« qu'il va bientôt marcher. Elle demande des souliers, que l'on s'empresse
« d'envoyer, et qui sont usés par ses propres enfants.

« Les nourrissons ne reçoivent presque jamais les soins du médecin ; les
« nourrices les soignent elles-mêmes, ou bien ont recours aux sorciers, aux em-
« piriques, aux rebouteurs.

« Un grand nombre de ces enfants succombent faute de soin, faute de nour-
« riture, meurent brûlés ou victimes des plus graves accidents. Leur mort est
« cachée le plus longtemps possible pour continuer à toucher le salaire... . »
(**A. Thayer**, *Rapport cité*.)

Voici, sur la moralité de ces tristes femmes et sur le degré de confiance qu'elles
méritent, comment s'exprimait à son tour le vénérable archevêque de Bordeaux:

« Les femmes, entre les mains desquelles sont remis les nourrissons, ne sont,
« pour la plupart, dignes d'aucune confiance. Les plus déconsidérées sont re-
« connues aptes à cet emploi, et, de vieilles mendiantes, qui n'ont ni linge, ni
« bois au cœur de l'hiver, se chargent d'enfants qui viennent à peine de naître.
« Dans un diocèse rapproché du mien, m'écrivait un évêque, on a placé cinq
« nourrissons chez une femme de 87 ans, qui sortait de prison pour vol, et ils
« sont morts dans l'espace de huit jours. » (Le cardinal Donnet, *Discours cité*.)

Et encore :

« Je dois ajouter que les enfants sortis de Paris ne forment pas évidemment
« la dixième partie de ceux placés aux environs de toutes nos grandes villes.
« On peut donc affirmer, sans craindre de se tromper, que 100,000 nourrissons
« meurent en France, tous les ans, faute de soins et de surveillance. A ces
« 100,000 victimes, il faut ajouter 8,000 enfants assistés, qui meurent aussi,
« tous les ans, avant d'avoir atteint leur douzième mois. Au bout de vingt ans,
« ces décès réunis, dont je fais peser une part de la responsabilité sur les pa-
« rents eux-mêmes, se traduisent par une perte réelle de plus de 2 millions
« d'habitants. » (Le cardinal Donnet, *Discours cité*.)

Mais, il est impossible d'aborder ce triste sujet, sans citer le docteur Brochard,
médecin de Bordeaux, attaché pendant dix-huit ans à l'administration de l'Assistance publique, et en position de parfaitement connaître la profondeur et l'étendue du mal. C'est lui qui, le premier, comprenant que c'était là une question
d'intérêt national, a jeté cet antique cri d'alarme patriotique : *Caveant consules
ne quid detrimenti Reipublicæ*. Par une sorte de dénonciation à l'opinion publi-

que, il a saisi les académies de médecine, les corps savants, les pouvoirs publics et l'Administration supérieure elle-même, de cette question, que l'organe du gouvernement qualifiait, devant le Sénat, non-seulement de « question d'hu-« manité, mais, de plus, de question qui importe à l'intérêt et à la prospérité du « pays. » C'est donc le docteur Brochard qui a eu le mérite de l'initiative, et il est juste de lui attribuer une large part du bien que ses courageuses révélations pourront produire.

Voici quelques passages que nous lui empruntons :

« Il est impossible de se faire une idée de l'immoralité qu'atteint cette indus-« trie des nourrissons dans certaines communes d'Eure-et-Loir. Ces enfants « sont, aux yeux de tous, tellement voués à une mort plus ou moins prochaine « que la voiture qui les conduit au domicile de leurs nourrices s'appelle, dans « les campagnes, le *Purgatoire :* cela veut dire qu'en sortant de cette voiture, « il vont dans le ciel ; en d'autres termes, qu'ils meurent. »

« A l'époque où je faisais des recherches statistiques sur ce sujet, un maire « de l'arrondissement (Eure-et-Loir) m'écrivait que le nombre des nourrissons « annuellement placés dans sa commune, était en moyenne, de 80. D'un autre « côté, les registres de l'état civil m'apprenaient que, la même année, il était « mort, dans cette commune, 80 Parisiens !... Un confrère, qui exerce la mé-« decine dans les environs, m'a raconté, bien souvent, qu'il connaissait des « femmes qui avaient toujours eu des nourrissons, qui en avaient toujours et « n'en rendaient jamais ; aussi, le maire de l'une de ces communes se servit-il « un jour devant moi de cette expression caractéristique : *le cimetière de ma* « *commune est pavé de petits Parisiens...*

« J'ai connu un maire, membre du Conseil d'arrondissement, qui parlait sans « cesse de progrès et de philanthropie. Je l'engageai un jour à s'opposer, dans « sa commune, à cette industrie, ou plutôt à cette exploitation des nourrissons : « *Je sais bien, me dit-il, que les enfants sont voués à la mort ; mais que voulez-* « *vous ? c'est le bien-être de ma commune ; ces femmes n'ont pas d'autres* « *moyens d'existence, et, sans les nourrissons, elles tomberaient à la charge des* « *bureaux de bienfaisance. Après tout, ajouta-t-il en riant : Il y aura tou-* « *jours des Parisiens.* »

Souvent, les autorités locales ferment les yeux sur de tels crimes, pour ne pas déconsidérer le pays, pour ne pas faire tort au principal commerce de la localité.

« Un nourrisson meurt dans l'arrondissement de Nogent-le-Rotrou. La nour-
« rice déclare qu'il a succombé à des convulsions. Six semaines après, une
« lettre anonyme apprend à la malheureuse mère, qui habitait Paris, *que son
« enfant est mort brûlé.* Cette dernière porte plainte au parquet de Nogent-le-
« Rotrou, lequel ordonne une enquête. Les renseignements pris par la gendar-
« merie concordaient tellement avec la version de la nourrice, que l'instruction
« allait être arrêtée, lorsque le procureur impérial ordonna l'exhumation du
« cadavre. On trouva que *les deux jambes de l'enfant étaient carbonisées.* La
« nourrice fut condamnée à plusieurs mois de prison.

« J'ai vu, disait à l'Académie M. Chevalier, une femme qui avait à elle seule,
« chez elle, sept nourrissons, et n'avait ni lait ni vache. »

« Chaque année, 20,000 enfants, appartenant à toutes les classes de la popu-
« lation parisienne, sont confiés à des femmes de la campagne, qui les em-
« mènent chez elles pour les allaiter. De ces 20,000 enfants qui quittent ainsi
« Paris, combien en revient-il ? 5,000 au plus. *Les 15,000 autres meurent de
« faim, de misère ou d'accidents, victimes de chutes, brûlés ou mangés par les
« animaux.* »

Citons encore cette cruelle affirmation du docteur Brochard, sous forme de
résumé :

« Un grand nombre de nourrices viennent sans cesse chercher des enfants
« *et n'en ramènent jamais. Chez elles, les enfants ne font que paraître et
« disparaître.* » (Dr Brochard, *passim.*)

« En 1865, une dénonciation fut adressée au parquet de Bourges. Une in-
« struction eut lieu. Il en résulta que, sur 20 nourrissons confiés à la même
« femme, 18 étaient morts entre ses mains. La maison de cette horrible créa-
« ture étaient connue sous le nom de *Charnier des Innocents.* » (*Bulletin de la
Société protectrice de l'Enfance.*)

A part les causes de mortalité dues à l'imprévoyance ou à la stupidité des
nourrices mercenaires, la manière dont les enfants sont nourris entre pour beaucoup dans la cause de leur décès. Lorsqu'on pense de quels soins assidus et intelligents ces pauvres petits êtres ont besoin, pour conserver une existence si
fragile, il ne faut pas s'étonner que le manque de soin et de nourriture, ou que
des soins inintelligents, ou une nourriture trop substantielle, ne causent tant
de morts prématurées. L'Académie de médecine de Paris a elle-même reconnu

que beaucoup d'enfants mouraient par excès de nourriture pour de si faibles organes.

« C'est M. Jules Guérin qui a répondu le premier, comme il fallait répondre,
« à la question que le Ministre de l'instruction publique a soumise à l'Académie...
« Il a recherché, en médecin, les causes prochaines de l'effroyable mortalité
» des nourrissons, et il les a réduites à deux :
« *L'inanition*,
« *Et l'alimentation prématurée.*

« La plupart des enfants confiés aux nourrices mercenaires, le plus souvent
« loin de toute surveillance, meurent de faim. Ou ces enfants ne sont pas nour-
« ris suffisamment, ou bien ils le sont en dépit des lois de l'hygiène et de la phy-
« siologie. On ne fait pas un nourrisson avec de l'eau panée ou sucrée : soumis
« à ce régime, il ne tarde pas à périr.

« D'un autre côté, si le lait maternel peut-être remplacé, à la rigueur, par
« du lait de vache ou de chèvre, ou par l'allaitement artificiel, le nouveau-né
« ne peut digérer la bouillie, la soupe, et autres préparations de ce genre. Les
« matrones qui gorgent les nourrissons de soupe et de bouillie, les tuent en
« croyant les nourrir.

« Le nourrisson ne s'assimile que les aliments qui sont en rapport avec ses
« forces digestives. Soumis à un régime grossier, il dépérit ; et, s'il ne succombe
« pas, sa constitution s'altère : le carreau, le rachitisme, la scrofule et autres
« affections semblables ne reconnaissent, le plus souvent, d'autre cause, que
« l'alimentation insuffisante, car les nourrissons qui meurent d'inanition échap-
« pent du moins à la vie de souffrance qui attend les autres. » (J.-M. Guardia.)

Voici ce qu'écrivait à son tour M. le docteur P..., professeur suppléant
à l'école de médecine de R..., en parlant de ces misérables femmes qui,
sous prétexte de prendre des nourrissons, n'ont d'autre métier que de débar-
rasser les familles peu aisées ou les mauvaises mères, des enfants que Dieu
leur envoie.

« *Quatre fois sur cinq, l'enfant meurt. Nous avons vu, chez une nourrice,*
« *dix-neuf décès sur vingt et un enfants ;* et ceux qui restent, Dieu sait quelles
« misères et quelles souffrances ils ont à traverser pour arriver à l'âge de deux
« ou trois ans ; trop heureux quand ils ne contractent pas le germe de maladies

« qui doivent les conduire à une mort prématurée, ou à des infirmités qui
« empoisonnent leur existence entière et les mettent à la charge de l'assistance
« publique, ou de la charité privée.

« Ce résultat nécessaire, fatal même, est la conséquence du régime auquel
« est soumis l'enfant. Presque toujours, la nourrice est pauvre, paresseuse,
« peu intelligente et trop souvent adonnée à la boisson. N'ayant pas de lait à
« la maison, il faut en acheter au prix de vingt centimes le litre, soit six francs
« par mois, en supposant qu'un litre par jour soit suffisant, ce que je n'admets
« pas, et souvent la rétribution mensuelle n'excède pas huit francs.

« Pour parer à cette difficulté, on gorge l'enfant d'une bouillie épaisse, pré-
« parée avec une farine grossière, et le lait n'y figure que pour mémoire. La
« boisson ne vaut pas mieux ; elle se compose d'un peu d'eau légèrement blan-
« chie, et n'admet, pas plus que la bouillie, le moindre atome de sucre ; pour
« calmer les cris du petit affamé, un nouet de linge contenant un peu de mie
« de gros pain, détrempée dans l'eau pure.

« Quant aux soins, ils sont en rapport avec le régime : il ne faut pas écouter
« l'enfant quand il pleure, cela lui ferait prendre de mauvaises habitudes. Le fait
« est que ces pauvres petits êtres reconnaissent instinctivement, de bonne heure,
« l'inutilité de ces cris impatients, furieux même, que pousse l'enfant habitué à
« être servi à la moindre demande. Chez eux, ce n'est plus qu'un petit vagis-
« sement plaintif, qui même ne persiste pas longtemps, quand personne ne
« vient. Aussi, ces enfants présentent-ils, dès l'âge de six semaines ou deux
« mois, l'aspect de petits vieillards ; sans compter les excoriations, les ulcé-
« rations même du sacrum, des trochanters et des talons, résultat de la malpro-
« preté la plus repoussante. »

Mais quels que soient les reproches fondés et trop justifiés que l'on puisse
adresser à la plupart des nourrices mercenaires, natures grossières, pour les-
quelles un nourrisson n'est qu'un objet de lucre et à qui on ne peut demander ni
la délicatesse de sentiments, ni la tendresse qu'une mère peut avoir pour son
enfant, il faut dire cependant que beaucoup de ces pauvres femmes s'attachent
réellement à leur nourrisson, qu'elles ont pour lui une affection véritable, et que
ce n'est pas sans douleur qu'elles s'en séparent. Mais, misérables comme elles
le sont, mal payées, et quelquefois pas du tout, n'est-il pas explicable qu'elles
s'en prennent à ce petit étranger, qui, au lieu d'apporter un peu d'aide dans un
pauvre ménage, vient au contraire en augmenter la gêne ? Et, d'autre part,

n'est-il pas vrai aussi que si les mères savaient plus se dévouer pour leurs enfants, si elles leur sacrifiaient un peu de leurs plaisirs, de leur liberté, ou du
gain de leurs affaires, elles n'auraient pas à les pleurer si souvent?

« En effet, que voyons-nous? Dans une certaine classe de la société, des gens,
« intelligents d'ailleurs, et croyant, de bonne foi, travailler à la félicité géné-
« rale, s'entassent dans ces fourmillières qui s'appellent Paris, Lyon, etc., et
« là, poursuivent avec un acharnement sans égal la fortune qu'ils veulent ra-
« pide, pour se reposer plus tôt, à l'encontre de nos bons aïeux qui, plus
« sages, consacraient une existence tout entière de labeur, à l'édification du
« patrimoine de leurs enfants, et ne sacrifiaient à l'amour des richesses aucun
« des devoirs et des plaisirs légitimes de la vie.

« Pour amasser plus vite les revenus qu'il ambitionne, le commerçant donne
« à son magasin le plus d'étendue possible, et ne réserve à son logement que
« l'espace strictement nécessaire. Les loyers sont si chers! J'en connais qui, tous
« les ans, gagnent des sommes considérables, et qui se contentent, pour leur
« habitation, d'un réduit où manquent l'air et la lumière. Il est vrai qu'ils n'y
« passent que la nuit, et qu'ils s'imaginent pouvoir dormir, sans dommage, dans
« une atmosphère viciée. Dans ces ménages, la femme s'attèle au même joug
« que son mari, et, soit au bureau, soit au comptoir, elle économise les appoin-
« tements d'un employé. Mais, si elle devient mère, rien n'est préparé pour
« recevoir un hôte nouveau ; c'est à peine si cette éventualité est entrée dans
« ses calculs, au jour du mariage et de l'installation. Donc, le local est insuffi-
« sant pour abriter un berceau, et la mère, pour remplir son office, devrait
« abandonner ses graves occupations dans les affaires. A cela, il ne faut point
« songer. Il est bien plus simple de placer l'enfant en nourrice.

« Voilà ce qui se passe le plus souvent dans la bourgeoisie aisée ou riche.

« Dans les régions plus élevées, au sein de l'opulence et de l'oisiveté, des
« considérations d'un autre ordre font que les mères s'affranchissent de la su-
« jétion de l'allaitement. Pour les unes, c'est la faiblesse de leur constitution qui
« les rend impropres à la fonction maternelle ; pour les autres, c'est l'attache-
« ment aux plaisirs mondains qui leur fait déserter le rôle, plein de douceurs,
« que la nature leur a dévolu...

« Ce n'est pas le cas de récriminer contre les femmes qui se soustraient à la
« tâche d'élever elles-mêmes leurs enfants, car l'habitude des mères, de ce
« temps-ci, de se décharger sur des nourrices mercenaires, du devoir que la

« nature impose à la femme, est un fruit amer de la civilisation. Cette coutume
« a tellement pris racine dans nos mœurs, qu'il serait inutile de vouloir la
« combattre. Mais, s'il est permis de passer condamnation sur un mal qu'on ne
« peut empêcher, on ne saurait être indifférent à ses conséquences, quand elles
« atteignent jusque dans sa séve la génération qui nous suit. (Le Docteur Alex.
« Mayer).

Et, puisque nous en sommes arrivé à traiter ce côté moral de la question,
nous ne pouvons résister au plaisir de citer ces pages pleines de sentiment et
de science attrayante du docteur Despaulx-Ader :

« En plaçant les organes de la lactation sur le devant de la poitrine de la
« femme, Dieu a voulu que l'enfant commençât l'apprentissage de la vie, dans
« les bras de sa mère, égayé, rassuré par son sourire bienveillant et encoura-
« geant ; il a voulu que ce petit être qui vient de naître s'élevât sous le regard
« caressant et joyeux de celle qui a accompli la plus haute, la plus sublime
« fonction pour laquelle elle ait été faite, la création d'un être semblable à
« elle, dont la mission à son tour sera de perpétuer la race.

« L'éducation de l'enfant commence dès sa naissance ; les caresses de la mère
« sont la première leçon qu'il reçoit ; son intelligence éclôt sous le soleil radieux
« du regard maternel. En même temps qu'il apprend à vivre, il apprend à ai-
« mer. Quelle plus sublime tâche ? Quel plus ravissant tableau que celui d'une
« mère allaitant son enfant ? Dans ses yeux, elle épie les premiers rayons de
« son intelligence ; avant même qu'il l'ait prononcé, elle entend son premier
« murmure, sa première causerie ; elle assiste à sa première joie ; elle le con-
« temple à tous les instants, et devine sa première souffrance ; elle excite son
« sourire ; elle écarte de lui la moindre douleur, la moindre peine. Oh ! la
« femme, à cette heure-là, est vraiment le créateur de cet enfant. Elle lui a
« donné la vie matérielle, elle lui donne la vie intellectuelle. Quel plus beau
« rôle pour la femme qui sait le comprendre ? C'est bien par elle que se régé-
« nérera le monde, si elle sait s'y conformer. Mais, hélas ! combien en voyons-
« nous qui, pour des plaisirs éphémères, pour des raisons futiles, souvent par
« simple coquetterie, en désertant leur mission, se privent de cette immense
« joie ?

« Que nous sommes loin de ces femmes de l'antiquité qui, pour toute parure,
« montraient leurs enfants !

« Aujourd'hui ces touchants exemples se perdent de plus en plus ; la femme

« qui a conçu se décharge de l'allaitement de son enfant sur une nourrice mer-
« cenaire, dont elle ne connaît ni les antécédents, ni la vie, ni les habitudes,
« ni le caractère ; elle lui livre son bien le plus cher ; elle lui a donné son
« sang, sa chair coulante, comme dit Bordeu, mais elle le prive de son lait,
« elle se prive elle-même volontairement de ses premières caresses, de son
« premier sourire, de sa première affection. Elle ne sait donc pas, cette mère,
« que la maternité réside moins dans la conception que dans l'allaitement ?
« Elle ne sait donc pas qu'avec ce lait qu'elle achète elle va changer la cons-
« titution, le caractère, les penchants de son enfant ? Ce petit être qui naît
« d'un sang riche, généreux, noble, et qui deviendrait un jour fort et vigoureux,
« grand par les sentiments et par l'intelligence si la mère l'allaitait, restera
« malingre, vulgaire, idiot, sans honneur comme sans grandeur d'âme, parce qu'il
« aura sucé un lait mercenaire, un lait que la nature ne lui destinait pas, le
« lait d'une personne sans éducation, sans bons sentiments, que la misère rend
« cupide, envieuse, hargneuse, vindicative et basse ; le lait d'une femme qui,
« pour un salaire, condamne son propre enfant à une mort presque certaine,
« ou tout au moins à un abandon criminel, puisqu'il est calculé. . . . . . et
« c'est de ce lait que vous nourrissez cet enfant qui est l'espoir de l'avenir, qui
« doit porter un jour le nom que vous ont laissé vos aïeux, ou que vous vous
« êtes fait vous-même ; qui doit continuer les traditions d'honneur, de loyauté,
« de courage qui ont dirigé vos actions, votre existence tout entière. Mais c'est
« de la démence ! Certains moralistes vont même plus loin : ils prétendent
« que le nourrisson moule ses traits sur ceux de sa nourrice. C'est de l'exagé-
« ration peut-être ; mais toujours est-il que l'enfant, qui est essentiellement
« imitateur, en contact continuel avec cette demi-mère, prend l'habitude de
« faire comme elle, lui emprunte ses manières, sa façon de sentir, de voir, de
« parler, et avec le temps, les habitudes modifient les traits. De là cette ressem-
« blance que l'on dit exister entre l'enfant et sa nourrice. Mais si cette influ-
« ence est réelle sur le physique, combien est-elle plus grande sur le moral de
« ce petit être, où les premières impressions restent et laissent des traces in-
« délébiles. L'enfant conçu et nourri par la mère est tout entier d'elle ; nourri
« par une étrangère, il n'est plus elle. Que les familles se pénètrent bien de cette
« vérité. Un animal féroce, pris dès sa naissance, et allaité par une mère d'une
« espèce très-douce, une espèce domestique, par exemple, ne perd-il pas une
« partie de sa férocité ; et un animal très-doux ne contracte-t-il pas des habi-.
« tudes sauvages en tetant le lait d'une mère féroce ? Ce que l'on voit pour les

« animaux, ne l'observe-t-on pas pour les plantes ? La greffe d'un bon arbre,
« portée sur une plante très-commune, ne modifie-t-elle pas les produits de
« celle-ci ? Tout donc s'enchaîne dans la nature, et ce que Dieu a fait a sa
« raison d'être ; s'affranchir de ses devoirs est un crime de lèse-humanité.
« Qu'après l'oubli de ces lois naturelles, les familles ne se plaignent plus de
« ne trouver dans leurs enfants ni reconnaissance, ni leurs propres qualités.
« La cause de cette démoralisation se trouve souvent dans les mauvaises con-
« ditions d'éducation où ils se sont trouvés dès leur naissance. »

Il serait injuste, cependant, de ne pas faire exception en faveur de certaines
classes de la société. Les commerçants, en général, qu'ils soient en boutique ou
en appartement ; la petite bourgeoisie ; beaucoup d'employés, dont les femmes
sont obligées d'apporter dans le ménage le fruit de leur labeur personnel, sont
dans l'impossibilité absolue, ou par la manière dont ils sont logés, ou par leurs
occupations, de garder et d'élever leurs enfants chez eux. Et alors, que peu-
vent-ils faire, si ce n'est de les envoyer en nourrice ? Et croit-on que, c'est sans
avoir bien pris, au préalable, toutes les informations possibles ? Il faut donc
reconnaître qu'il y a là une nécessité de position qui oblige, et que c'est pour
ceux-là surtout qu'il faut créer quelque chose qui les sorte de cette cruelle al-
ternative, ou de tout abandonner, de tout sacrifier, ce qui, le plus souvent, est
impossible, pour conserver leurs enfants ; ou de s'en séparer, avec cette dou-
loureuse perspective, qu'il y a trois chances pour une qu'ils ne les reverront jamais.

Pour résumer ce paragraphe, nous pouvons dire en toute assurance que les
causes du mal que nous avons signalé sont uniquement dans l'allaitement mercenaire, et qu'il est démontré que la plupart de ces nourrices sont indignes de
la confiance qu'on leur accorde trop facilement.

Que, d'autre part, si on est fondé à reprocher à certaines mères le peu de souci
qu'elles ont de leurs enfants, cependant, pour le plus grand nombre, heureuse-
ment pour la morale, les conditions de leur existence sont telles, qu'il leur est
absolument impossible de les conserver près d'elles.

Remplacer la nourrice mercenaire, en offrant toutes garanties de soins pour
l'enfant, et sans plus de frais pour les familles, tel est le double problème à résoudre.

La famille, la société, l'Etat y sont intéressés.

§ III.

Avant nous, et mues par les mêmes sentiments, des personnes bienfaisantes se sont occupées d'apporter un remède à ce mal immense. Mais, tout louables que soient leurs efforts, toute reconnaissance qu'elles méritent, elles n'ont pas attaqué le mal dans son principe, elles n'ont pas pris le *taureau par les cornes*.

Citons d'abord la *Société de Charité maternelle*, la plus ancienne de toutes, aujourd'hui présidée par *S. M. l'Impératrice, première dame patronnesse de France*. Cette société a pour but de distribuer des secours en argent et en vêtements, pendant l'allaitement, aux pauvres mères qui ont déjà trois enfants à leur charge. En 1867, cette société a assisté 2,435 accouchées, dont 170 ont eu des couches doubles. Assister une pauvre mère dans la misère, au moment où cette misère va s'augmenter par la survenance d'un nouvel enfant, voilà le principal but de la société. Mais, toute sympathique qu'elle soit, cette société ne peut avoir d'autre résultat, en venant en aide à une mère de famille déjà malheureuse, que de l'engager à ne pas envoyer son nouvel enfant en nourrice, et ceci n'a aucun rapport avec la conservation ou même le bien-être de ceux qui y sont déjà, des nourrissons.

Il n'y a que la *Société protectrice de l'enfance*, de fondation toute récente, qui ait bien vu et signalé le mal, et entrepris, non de le détruire, mais de l'amoindrir autant que possible. Son but est de se faire tutrice de tous les enfants de Paris envoyés en nourrice, de les faire surveiller par de charitables correspondants locaux, de se faire rendre compte de leur situation, d'aider les familles, ou même de se substituer à elles, pour tout ce qui concerne le bien-être de leurs enfants. Quoi de plus louable, de plus digne d'encouragement et de concours? Mais ce n'est là qu'une surveillance! Sera-t-elle constante, durable, de tous les instants, comme elle devrait l'être pour de si faibles créatures? La nourrice ne saura-t-elle pas y échapper ou la tromper? Et d'ailleurs, cette surveillance changera-t-elle la nature de la nourrice? Ferez-vous qu'elle sera plus propre, plus intelligente, moins cupide? Et cette surveillance, par la gêne qu'elle lui imposera, n'est-il pas à craindre qu'elle la porte à être plus indifférente encore pour son nourrisson?

Louons le bien partout, encourageons-le sous quelque forme qu'il se produise ; honorons les personnes qui s'y consacrent ; mais ne nous arrêtons pas dans cette voie ; qu'un progrès en enfante un autre !

Nous n'avons pas cependant la prétention de guérir seul, et immédiatement, cette plaie sociale ; nous n'avons pas l'espérance, et nous n'aurons pas non plus la possibilité de sauver *les 15,000 petits Parisiens qui s'en vont, tous les ans, paver les cimetières de villages ;* notre ambition doit se borner à en sauver le plus possible, dans la mesure des ressources dont nous pourrons disposer. Nous voulons apporter notre pierre à l'édifice, indiquer et démontrer la voie dans laquelle il conviendrait d'entrer, et donner, aux familles parisiennes surtout, l'espérance et la consolation, au lieu du deuil qui les attend presque toujours, lorsqu'elles se séparent de leurs enfants.

Pour cela, nous voulons fonder, à trois lieues de Paris, à quelques minutes d'une station du chemin de fer de l'Ouest (gare Saint-Lazare), dans un endroit salubre, abrité et suffisamment boisé, un grand établissement que nous appellerons *le Petit-Bethléem,* et qui aura pour objet :

1° *De recevoir les femmes enceintes arrivées au dernier terme de leur grossesse ;*

2° *De faire leur accouchement ;*

3° *D'élever, jusqu'à l'âge de deux ans, les enfants qui seront nés dans l'établissement, ou qui seront présentés du dehors ;*

4° *De recevoir, comme pensionnaires, les personnes faibles de constitution ou malades de la poitrine.*

Quelques mots d'explication sont nécessaires sur chacun de ces objets :

1° et 2°. — Notre but principal est de sauver le plus d'enfants possible de la mort qui les attend si souvent.

Tous les enfants seront élevés au sein, par des nourrices de choix et grandement surveillées. Lorsque ce changement pourra se faire sans nuire à leur santé, les enfants passeront graduellement du sein au biberon. Le lait, à la température animale, leur sera ménagé dans sa force, et il sera toujours frais et pur, car il sera produit par les cent vaches de l'établissement.

Chaque accouchée aura le droit, ou d'emporter son enfant en quittant la Maison, ou de nous le confier.

Toutes les femmes admises seront l'objet des plus grands soins, et nous ferons en sorte que chacune puisse dire qu'elle n'aurait pas été mieux soignée chez elle. Nous nous réservons le choix et toutes informations préalables si nous le jugeons utile. La Maison aura un caractère tout bourgeois et de famille. Le prix sera relativement très-modéré. Un ou deux médecins accoucheurs et plusieurs garde-couches seront attachés à la Maison. A moins d'accidents dus à une mauvaise conformation, ou que la science elle-même ne saurait conjurer, on ne dira pas de nos pensionnaires : *morte en couches*, ou *des suites de couches*, ou *blessée pour la vie*, comme cela arrive si souvent lorsqu'on se confie ou à des sages-femmes ou à des médecins inexpérimentés ;

3° — Lorsque l'enfant aura atteint l'âge de douze mois environ, et qu'il pourra être sevré, il sera loisible à la mère, ou de nous le reprendre, ou de nous le laisser pendant un an encore. Il sera toujours l'objet des mêmes soins, selon son âge, sa nature, son tempérament ; la nourriture surtout lui sera toujours intelligemment appropriée. Et c'est lorsque son enfant sera sevré, qu'il commencera à marcher, que la souffrance et les difficultés de la première dentition seront passées, que la mère devra nous le reprendre, pour faire place à d'autres, plus jeunes, réclamant à leur tour leurs droits à l'existence qu'on aura conservée au petit congédié.

Chaque mère sera sûre de retrouver son enfant. Un petit collier d'identité à double clef, dont l'une pour la mère et l'autre pour la directrice, avec inscription et numéro d'ordre, empêchera que ces enfants soient changés. On ne verra donc plus dans les familles, au moins par notre fait, des enfants si différents d'instinct et de nature de ceux qui les ont engendrés, problème que la physiologie n'a pas encore résolu et qui, le plus souvent, s'explique par ce triste proverbe : *d'enfant changé en nourrice.*

Enfin, la propreté la plus grande, toujours en blanc, les vêtements de couleur dissimulant trop facilement la saleté ; veillés jour et nuit, promenés dans des petites voitures spéciales, au milieu d'un magnifique jardin qui aura toute l'étendue d'un parc, nous comptons bien que, grâce à tous ces soins, la mort ne fera pas grande moisson parmi nos petits enfants.

Aller souvent voir son enfant, le suivre dans ses progrès et le développement de sa santé, c'est la partie de plaisir du dimanche que nous offrirons aux familles : le cœur et la morale y trouveront aussi leur compte.

4°. — Dans une ville comme Paris, où tant de constitutions sont débiles, où le passage de l'enfance à l'âge adulte est si lent et si difficile, combien de fois n'avons-nous pas tous entendu dire : il faudrait à cette personne la campagne ; il lui faudrait du bon lait et l'air de la vacherie. Et où trouver tout cela réuni ? Nulle part, cela n'existe pas. A défaut, les médecins envoient aux eaux ou aux bains de mer. Mais, outre que les eaux et les bains de mer peuvent ne rien produire, ou même être contraires, tout le monde ne peut pas y aller ; c'est loin, très-coûteux, et les jeunes gens, filles ou garçons, ne peuvent y aller seuls. C'est donc tout un voyage, un déplacement, une émigration qu'il faut faire. Et combien en est-il à qui leurs moyens ou leurs occupations le permettent ? Si donc nous avions encore résolu ce problème, combien de familles nous en sauraient gré et se hâteraient de profiter des avantages que nous pouvons leur offrir.

Dans le même établissement, mais complétement séparé des enfants et de tout ce qui les concerne, nous voulons donner une existence hygiénique et confortable pour ceux qui se trouveront dans ces conditions de faiblesse plutôt que de maladie.

Au-dessus de l'étable, le 1er et le 2e étage seront divisés en grandes chambres bien meublées, avec cabinet de toilette, pour chaque pensionnaire. L'air de l'étable y sera introduit par des tuyaux d'aspiration avec soupape. En prendra qui voudra, et tant qu'on en voudra. L'étable sera tenue assez proprement pour que ce soit une odeur hygiénique et non pas nauséabonde. Un salon-rotonde, en communication avec l'étable, offrira à nos malades toutes les distractions de l'esprit, en même temps qu'ils satureront leur poitrine de l'air hygiénique qui leur sera nécessaire. Du lait tant qu'on en voudra, et toujours frais et pur. Avec cela, médecins, bains, bonne table et service bien organisé ; voilà pour le confortable, voilà pour la santé.

Comme complément, nos pensionnaires y trouveront aussi : billards, salons de jeux, de conversation, de lecture ; grand jardin réservé, voitures de promenade, et une chapelle avec son aumônier. Tout cela pour l'esprit et le cœur.

Il n'existe rien de semblable à ce que nous voulons créer ; c'est l'œuvre des familles par excellence. Son utilité n'a pas besoin d'être démontrée ; il suffit de l'énoncer.

Pour avoir conçu une telle entreprise et avoir foi dans son succès ; pour l'avoir tant méditée, être arrivé à résoudre tant de difficultés, à concilier tant de choses contradictoires, il faut aimer l'enfance, être père et mère de famille, avoir élevé soi-même ses enfants, les avoir vus assaillis par toutes les maladies de leur âge, et les avoir conservés néanmoins, grâce aux soins intelligents qui leur ont été prodigués.

Reste la question affaire, pour la sécurité et une rémunération satisfaisante du capital.

Comme sécurité, le capital sera employé exclusivement à l'achat du terrain, aux constructions, à l'acquisition des bestiaux et du mobilier; il sera donc toujours réellement représenté et chaque action aura toute la solidité d'une obligation.

Comme rémunération, nous pouvons justifier par des chiffres, dont nous offrons le contrôle à tous ceux qui le désireront avant de prendre intérêt dans cette affaire, que cette rémunération sera largement suffisante, puisque chaque action touchera : son intérêt à 5 0/0 ; un dividende dont la limite sera fixée par les statuts, et qu'elle sera enfin amortie par remboursement avec prime.

Dans un moment où il y a tant de capitaux improductifs, dans une ville comme Paris, où la bienfaisance se multiplie sous les formes les plus ingénieuses et les plus délicates, nous espérons trouver assez de sympathie pour réunir le capital nécessaire à notre fondation, parce que cette fondation est, tout à la fois, une bonne affaire et une bonne action.

Ed. DESFOSSÉ.

Paris.-Imp. PAUL DUPONT. — 1438. — 4.8.